JN081172

心の指針

Selection 5

心《こころ》から愛《あい》していると…

大川隆法

Ryuho Okawa

Contents

1 心《こころ》から愛《あい》していると…

けんか別《わか》れして、
相手《あいて》を愛《あい》していたことに、
初《はじ》めて気《き》づく人《ひと》がいる。
離婚《りこん》して、
妻《つま》のいない空虚《くうきょ》さに、驚《おどろ》く夫《おっと》がいる。
さんざん、ののしって、
ホッとした後《あと》、
夫《おっと》の偉大《いだい》さに気《き》づく妻《つま》もいる。
子供《こども》を亡《な》くしてから、

ほめてやらなかった自分《じぶん》を、
責《せ》め続《つづ》ける親《おや》がいる。

みんな、よく聴《き》きなさい。
失《うしな》ってからでは遅《おそ》すぎるのだ。
愛《あい》しているなら、
今《いま》すぐ、
愛《あい》しているといいなさい。
好《す》きなら、
好《す》きであるということを、
今《いま》すぐ、
行動《こうどう》で示《しめ》しなさい。

永遠《えいえん》の後悔《こうかい》を残《のこ》すなかれ。
生命《いのち》あるうちに、
愛《あい》しているということを、
心《こころ》から愛《あい》しているということを、
伝《つた》えなさい。
伝《つた》え切《き》りなさい。

2 焦《あせ》ってはいけない

焦《あせ》ってはいけない。
一日《いちにち》に歩《ある》ける歩数《ほすう》に限度《げんど》があり、
一日《いちにち》に食《た》べられる量《りょう》に限度《げんど》があるように、
あなたの能力《のうりょく》も、急《きゅう》には伸《の》びず、
あなたの仕事《しごと》も、目《め》に見《み》えては、
はかどらない。

同《おな》じように、
あなたの子供《こども》が、
急《きゅう》に勉強《べんきょう》ができるようになったり、
突然《とつぜん》に、
プロスポーツ選手《せんしゅ》のように、
運動《うんどう》ができるようになったりはしない。

ましてや、
他人《たにん》の心《こころ》も、体《からだ》も、能力《のうりょく》も、
一瞬《いっしゅん》で変《か》えるなんて
無理《むり》な相談《そうだん》だ。

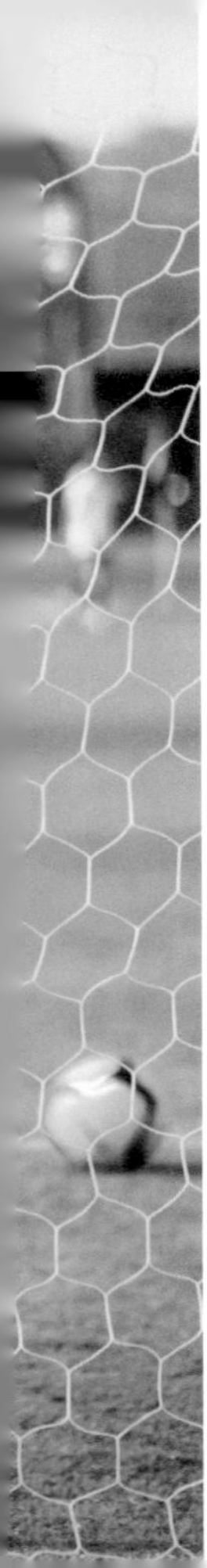

鶏《にわとり》は、
一日《いちにち》に一個《いっこ》しか卵《たまご》を産《う》まない。
焦《あせ》っておなかを裂《さ》いてみても、
明日《あす》の卵《たまご》は見《み》つからない。

だからあなたも、
今日《きょう》、一個《いっこ》、
幸福《こうふく》の卵《たまご》を産《う》め。
明日《あす》のことを、
思《おも》いわずらうことなかれ。

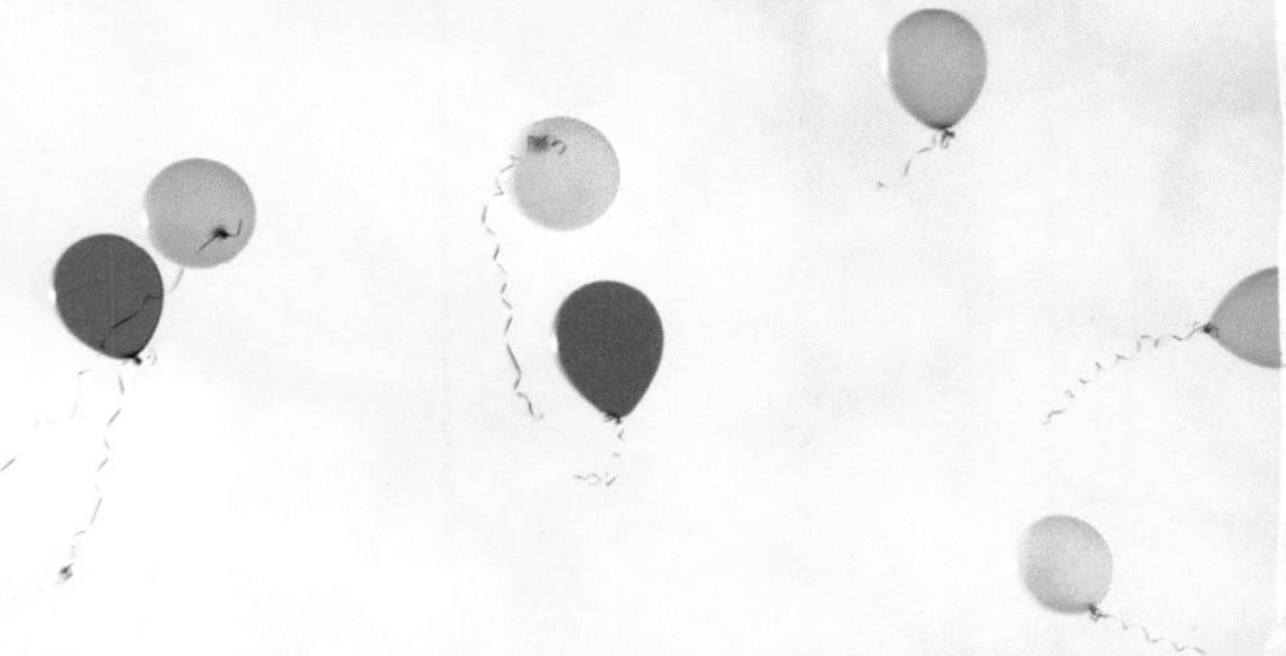

3 兄弟間《きょうだいかん》の嫉妬《しっと》

子供《こども》を育《そだ》てるのは大変《たいへん》だ。
子《こ》供《ども》は親《おや》の思《おも》う通《とお》りにならない。
親《おや》が忙《いそが》しい時《とき》に限《かぎ》って病気《びょうき》をしたり、
勉強《べんきょう》してほしい時《とき》には遊《あそ》びたがり、
親子《おやこ》で遊《あそ》ぼうとすると、
友《とも》だちとの約束《やくそく》があるという。
夫婦仲《ふうふなか》が危《あぶ》ない時《とき》には、ケンカを始《はじ》め、
職業《しょくぎょう》に不安《ふあん》がある時《とき》には、
学校《がっこう》でトラブルを起《お》こす。

ああ、少子化《しょうしか》もむべなるかな、
という気《き》もする。
だが、考《かん》えてみれば、自分《じぶん》も子供時代《こどもじだい》、
そのようであったのだ。

兄弟姉妹《きょうだいしまい》の競争《きょうそう》は、
実社会《じっしゃかい》の始《はじ》まりでもある。
子供《こども》はとにかく嫉妬《しっと》する。
上《うえ》の子《こ》が下《した》の子《こ》に嫉妬《しっと》し、
下《した》の子《こ》が上《うえ》の子《こ》に嫉妬《しっと》する。
子供《こども》はとにかく欲《ほ》しがるのだ。
親《おや》から奪《うば》い取《と》れる量《りょう》を、
自分《じぶん》への愛情《あいじょう》と考《かんが》えて、
兄弟間《きょうだいかん》の公平分配《こうへいぶんぱい》に異《い》を唱《とな》える。
ある子《こ》は親《おや》の気《き》を引《ひ》くことに勝利《しょうり》し、
別《べつ》の子《こ》は泣《な》いたり、反抗《はんこう》したりして、
親《おや》を困《こま》らせて、その愛《あい》を独占《どくせん》しようとする。

互《たが》いに協力《きょうりょく》し合《あ》い、
一家《いっか》で団結《だんけつ》することを教《おし》えよ。
嫉妬《しっと》のやき方《かた》の調整《ちょうせい》が、
大人《おとな》になる道《みち》だと諭《さと》しなさい。

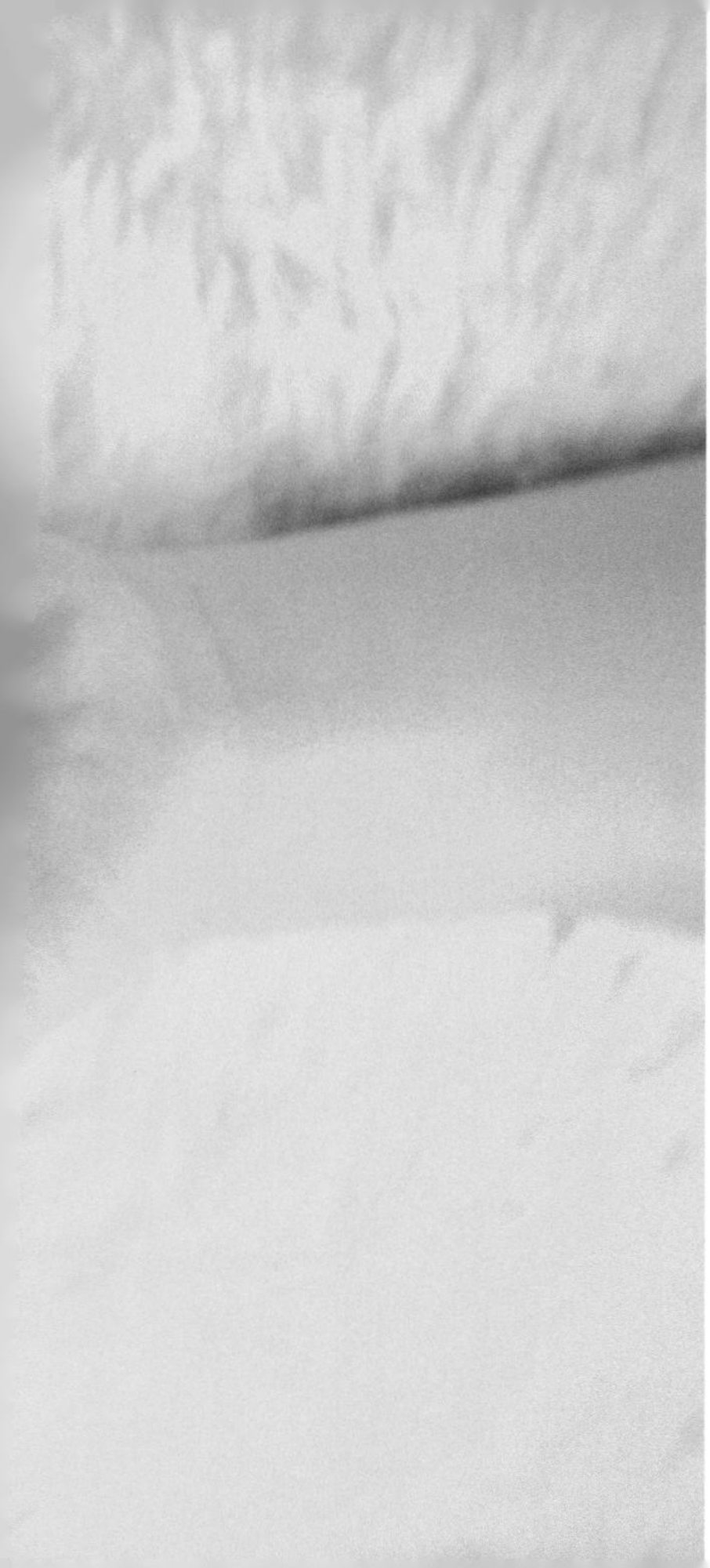

4

親《おや》子《こ》の縁《えん》

親《おや》子《こ》の縁《えん》に偶然《ぐうぜん》はない。
必《かなら》ずこの親《おや》のところへと思《おも》い、
必《かなら》ずこの子《こ》を産《う》もうと、
約束《やくそく》をしてくる。

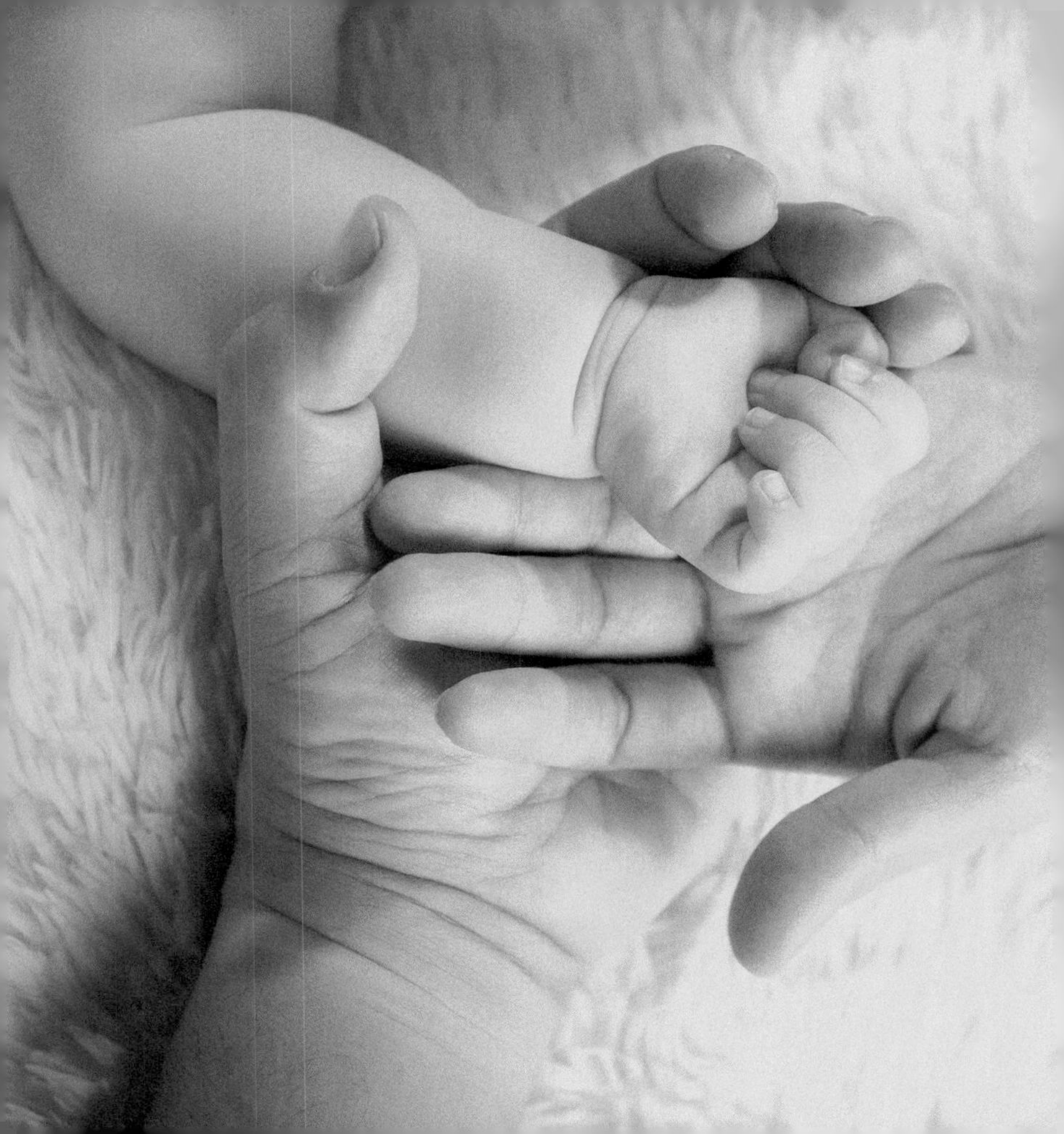

しかし、
いったんこの世《よ》の無常《むじょう》の風《かぜ》に吹《ふ》かれると、
何《なに》もかも忘《わす》れてしまう。
この世《よ》では賢《かしこ》いと信《しん》じられている哲学者《てつがくしゃ》が、
「実存主義哲学《じつぞんしゅぎてつがく》」などといって、
人間《にんげん》は偶然《ぐうぜん》にこの世《よ》に投《な》げ出《だ》されて、
わけもなく泣《な》きながら、
手探《てさぐ》りで人生《じんせい》を歩《あゆ》むという。

「無明《むみょう》」という言葉《ことば》が、
実在世界《じつざいせかい》を全《まった》く忘《わす》れたまま生《い》きる、
盲目《もうもく》の人生《じんせい》を生《い》きる、というなら、

それはその通《とお》りだろう。

しかし、
宗教《しゅうきょう》と信仰《しんこう》が、
かろうじて、
ガラス窓《まど》から外《そと》を見《み》せてくれる。
家屋《かおく》の中《なか》の完全《かんぜん》さだけ求《もと》めても、
外《そと》の風景《ふうけい》を忘《わす》れていることを教《おし》えてくれる。

親《おや》も子《こ》も百点《ひゃくてん》ではなく、
学《まな》びのための教材《きょうざい》をたくさん持《も》ったまま
生《い》きているのだ。
不便《ふべん》さ、不自由《ふじゆう》さ、貧《まず》しさの中《なか》から、
努力《どりょく》することの尊《とうと》さを学《まな》べ。
足《た》るを知《し》る中《なか》にも、
心《こころ》の平安《へいあん》を学《まな》べ。
与《あた》えられたものの中《なか》に、
黄金《おうごん》の輝《かがや》きを発見《はっけん》せよ。

5 愛《あい》する者《もの》との別《わか》れ

ポッカリとあいた心《こころ》の空間《くうかん》。
子供《こども》たちが巣立《すだ》つ日《ひ》がやってくる。
いつかはその日《ひ》がやってくると、
身構《みがま》えてはいたが、
ついに心《こころ》の準備《じゅんび》が調《ととの》うことは
なかったであろう。

親《おや》というものは、
子供《こども》たちの小《ちい》さな頃《ころ》のことばかりを思《おも》い出《だ》す。
かわいい子供《こども》であればあるほど、
別《わか》れは、切《せつ》なく、哀《かな》しい。

もう二《に》度《ど》とは戻《もど》らない時《じ》代《だい》。
時《じ》間《かん》は、矢《や》のように過《す》ぎ去《さ》ってゆく。

しかし、
それでよいのだ。
人《ひと》は、生《う》まれ、育《そだ》ち、
大人《おとな》となり、
親《おや》から離《はな》れて家庭《かてい》を営《いとな》み、
老《お》い、
病《やまい》になって死《し》んでゆく。

何万年《なんまんねん》も、
何十万年《なんじゅうまんねん》も、
何百万年《なんびゃくまんねん》も、そうであったのだ。

切《せつ》なさを抱《だ》きしめて生《い》きよ。
やがて子《こ》も、
同《おな》じ思《おも》いを抱《いだ》くようになるのだ。

6 愛《あい》とは何《なに》か

人《ひと》を愛《あい》するということは、
相手《あいて》の中《なか》に仏性《ぶっしょう》を見出《みいだ》すことである。
ところが不思議《ふしぎ》なもので、
こちらの心《こころ》のあり方《かた》しだいで、
相手《あいて》は、
悪魔《あくま》にも
菩薩《ぼさつ》にも見《み》えるのである。

「お母《かあ》さんなんて大嫌《だいきら》いだ。」
といわれれば、
わが子《こ》も小《こ》悪魔《あくま》に見《み》え、
「お母《かあ》さん、いつも有難《ありがと》う。」
といわれると、
わが子《こ》が小《ちい》さな菩薩《ぼさつ》に見《み》えるだろう。

夫婦《ふうふ》も同《おな》じだ。
相手《あいて》が
悪魔《あくま》に見《み》える時《とき》も、
菩薩《ぼさつ》に見《み》える時《とき》もあるだろう。
原因《げんいん》はどちらにもあるだろう。

ただ、気《き》がついた者《もの》の方《ほう》から、
まず自《じ》分《ぶん》を変《か》えることだ。

愛《あい》を出《だ》し惜《お》しみするな。
自分《じぶん》の中《なか》の仏性《ぶっしょう》を発見《はっけん》することが、
「悟《さと》り」であるなら、
相手《あいて》の中《なか》の仏性《ぶっしょう》を拝《おが》み出《だ》すことが、
「愛《あい》」なのである。

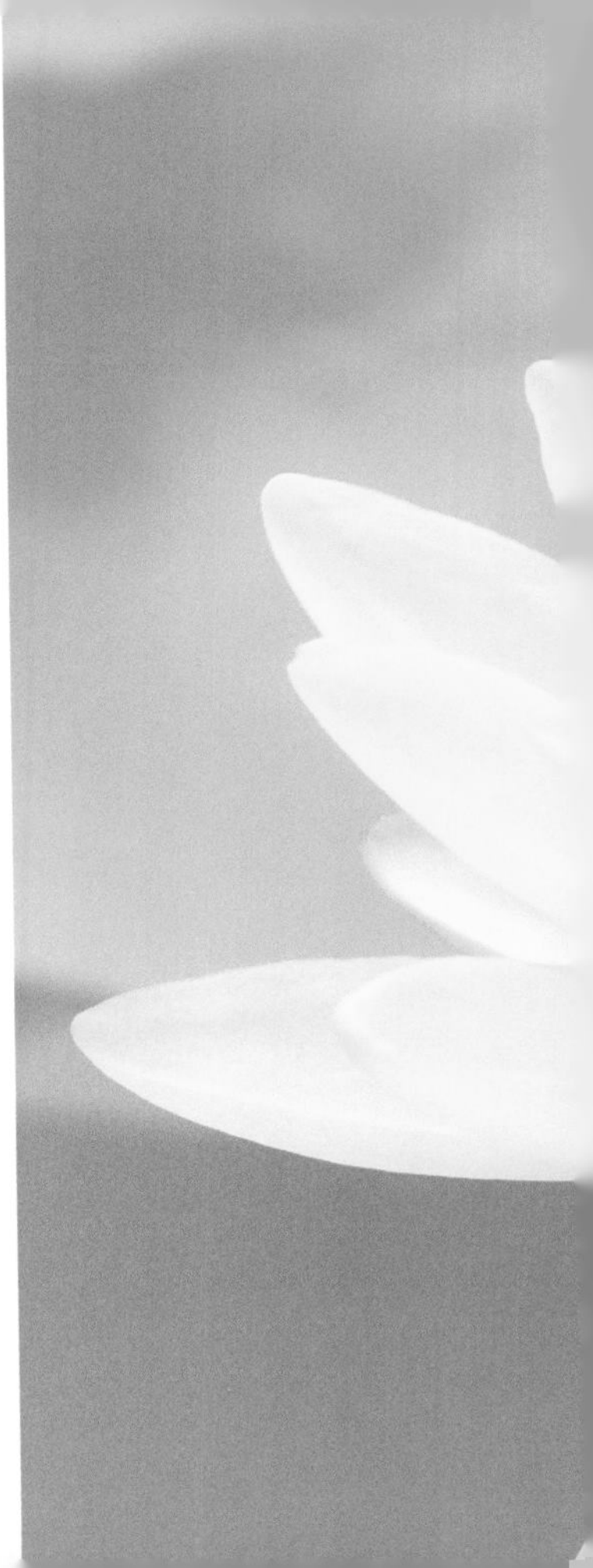

7 小事《しょうじ》と大局観《たいきょくかん》

人《ひと》は、明白《めいはく》な外敵《がいてき》に対《たい》しては、
命《いのち》がけで戦《たたか》うものである。
歯《は》をくいしばり、
渾身《こんしん》の力《ちから》をふりしぼって、
耐《た》え抜《ぬ》こうとするものである。

しかし、案外《あんがい》と、
身《み》のまわりのささやかな出来事《できごと》や、
夫婦間《ふうふかん》の小《ちい》さな意見《いけん》のくい違《ちが》い、
親子間《おやこかん》の言葉《ことば》の切《き》れっ端《ぱし》にムッとして、

それが大《おお》ゲンカ、大《おお》騒動《そうどう》に発展《はってん》する。
不思議《ふしぎ》ではあるが、
これも人生《じんせい》の真実《しんじつ》の一面《いちめん》である。

疲《つか》れている時《とき》の一言《ひとこと》や、
愚痴《ぐち》や疑《うたが》いの言葉《ことば》で、
離婚《りこん》になる夫婦《ふうふ》も多《おお》い。

あるテレビ・タレントに、
奥《おく》さんが熱中《ねっちゅう》して
「○○様《さま》」とか唱《とな》えるので、
離婚《りこん》になったケースもあるという。
笑《わら》って見逃《みのが》すだけの度量《どりょう》が欲《ほ》しいものだ。

象《ぞう》は虎《とら》には負《ま》けないが、
ネズミや蟻《あり》の大軍《たいぐん》には弱《よわ》いらしい。

小事《しょうじ》を小事《しょうじ》であると割《わ》り切《き》り、
常《つね》に大局《たいきょく》を考《かんが》える人間《にんげん》でありたいものだ。

8

愛《あい》と忍耐《にんたい》

あなたがたは、
互《たが》いに愛《あい》しあいなさい。
幸福《こうふく》になりたいのなら、
愛《あい》しあうことを学《まな》びなさい。

他《た》の人《ひと》の悪口《わるくち》が出《で》るのは、
あなたが、かしこく、
相手《あいて》より優《すぐ》れた点《てん》があるからだろう。
優《すぐ》れたあなたであるなら、
劣《おと》った人《ひと》をなぐさめたり、
ほめたりすることは簡単《かんたん》なはずだ。
もし、そうできないなら、
本当《ほんとう》は、
相手《あいて》に劣等感《れっとうかん》や憎悪《ぞうお》を感《かん》じているのだ。
素直《すなお》な心《こころ》で、
反省《はんせい》しよう。
相手《あいて》の美点《びてん》を認《みと》めよう。

人《ひと》を愛《あい》し続《つづ》けるためには、
忍耐《にんたい》も必要《ひつよう》だ。
耐《た》え忍《しの》ぶ心《こころ》がなければ、
長《なが》く良好《りょうこう》な人間《にんげん》関係《かんけい》は結《むす》べない。

愛《あい》とは忍耐《にんたい》であり、
相手《あいて》に、
相手《あいて》自身《じしん》のことを好《す》きになってもらうこと。
この真理《しんり》を学《まな》んでほしいのだ。

9 罪《つみ》をゆるす力《ちから》

人《ひと》は生《う》まれながらに、
罪《つみ》を背負《せお》っているのか。
そうでも考《かんが》えないと、
人生《じんせい》がつらすぎる時《とき》もある。

人生《じんせい》の不幸《ふこう》を、
環境《かんきょう》のせいにしてはいけないと、
思《おも》いながらも、
幾度《いくど》も、
涙《なみだ》の流《なが》れる日《ひ》に出逢《であ》う。

愛《あい》する人《ひと》とは別《わか》れ、
憎《にく》みたくなる人《ひと》とは出逢《であ》い、
求《もと》めるものは手《て》に入《い》らず、
肉体《にくたい》煩悩《ぼんのう》の消《き》えざるに苦《くる》しむ。

原罪《げんざい》はなくとも、
「カルマ」（業《ごう》）はあるであろう。
そうでも考《かんが》えないと、
自分《じぶん》の愚《おろ》かさをゆるせまい。

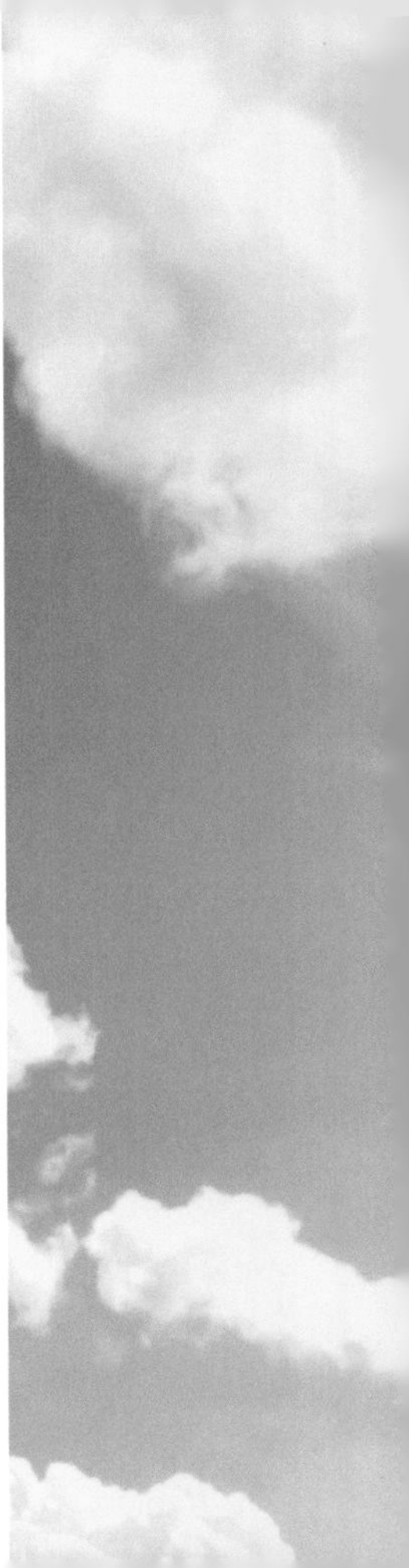

しかし、耐《た》えよ。
魂《たましい》は磨《みが》かれるために、
この世《よ》に生《う》まれてくるのだ。

青空《あおぞら》を見《み》上《あ》げて、
しばし、涙《なみだ》のこぼれ落《お》ちるにまかせよ。
完全《かんぜん》な人生《じんせい》などないのだ。
あなたが自分《じぶん》をゆるせなくて、
一体《いったい》誰《だれ》がゆるせようか。

罪《つみ》をゆるす力《ちから》に目《め》覚《ざ》めた時《とき》、
新《あたら》しい愛《あい》が見《み》えてくるのだ。

10

過去《かこ》の記憶《きおく》を修正《しゅうせい》せよ

あなたを苦《くる》しめている原因《げんいん》の大部分《だいぶぶん》は、
過去《かこ》の記憶《きおく》であるはずだ。
あなたは、
セピア色《いろ》の写真集《しゃしんしゅう》でも眺《なが》めるように、
過去《かこ》の点景《てんけい》を見《み》つめている。

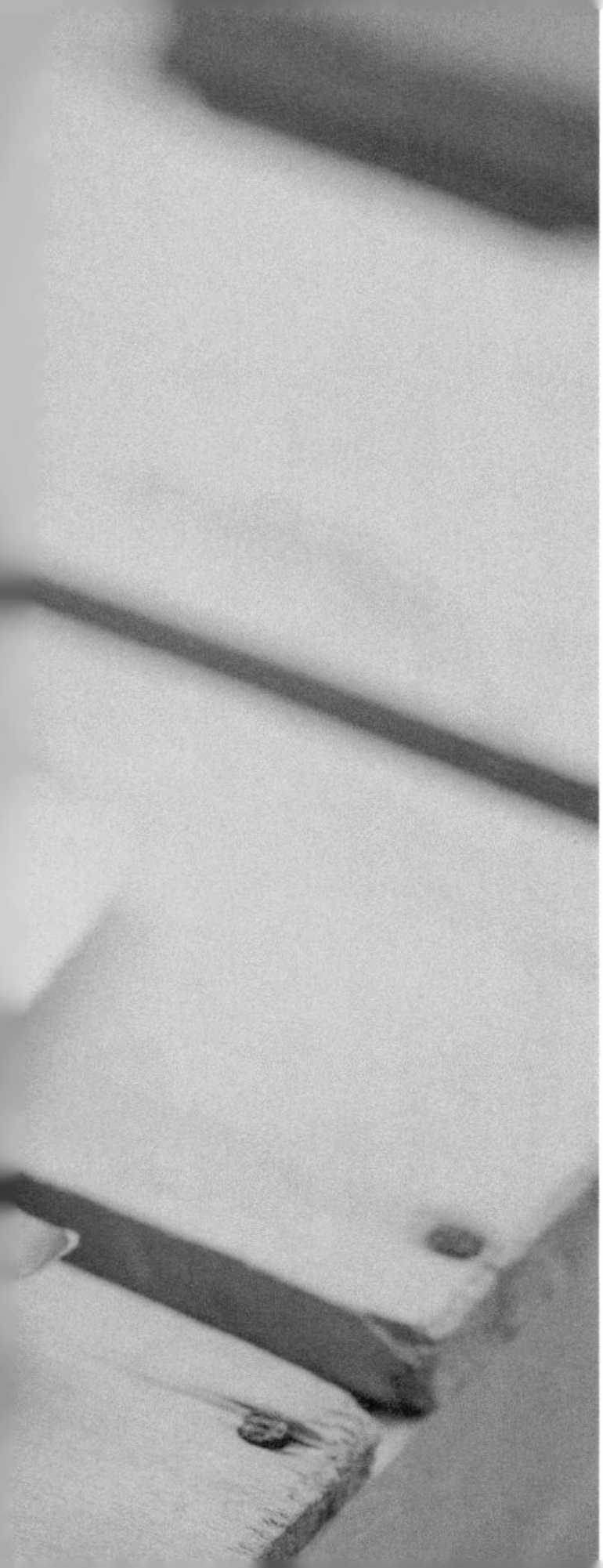

本当《ほんとう》は無尽蔵《むじんぞう》に、
記憶《きおく》の写真館《しゃしんかん》には、
いろんなシーンの写真《しゃしん》がある。
喜《よろこ》びのシーンも、
悲《かな》しみのシーンも、
たくさんある中《なか》で、
あなたは幾枚《いくまい》かの写真《しゃしん》を選《えら》び出《だ》して、
それを何年《なんねん》も、何十年《なんじゅうねん》も、
見《み》つめ続《つづ》けているのだ。

実《じつ》は、

あなたの記憶《きおく》は、

縁起《えんぎ》の理法《りほう》とは逆《ぎゃく》であることが多《おお》い。

あなた自身《じしん》は、

過去《かこ》の失敗《しっぱい》や、人《ひと》に害《がい》されたことが原因《げんいん》で、

現在《げんざい》の自分《じぶん》が不幸《ふこう》であることを

証明《しょうめい》しようとする。

しかし、真実《しんじつ》は、

現在《げんざい》あなたが不幸《ふこう》だから、

過去《かこ》の不幸写真《ふこうしゃしん》を見《み》つめているだけだ。

現在《げんざい》ただ今《いま》、自分《じぶん》は幸福《こうふく》であると宣言《せんげん》せよ。
さすれば、記憶《きおく》の写真館《しゃしんかん》からは、
幸福《こうふく》なシーンの写真《しゃしん》ばかり出《で》てくるだろう。
過去《かこ》の記憶《きおく》は修正《しゅうせい》することができるのだ。

11

蝶《ちょう》の心《こころ》

ひらりひらりと舞《ま》う蝶《ちょう》は、
陽《ひ》の光《ひかり》を浴《あ》びて、
とても楽《たの》しそうだ。

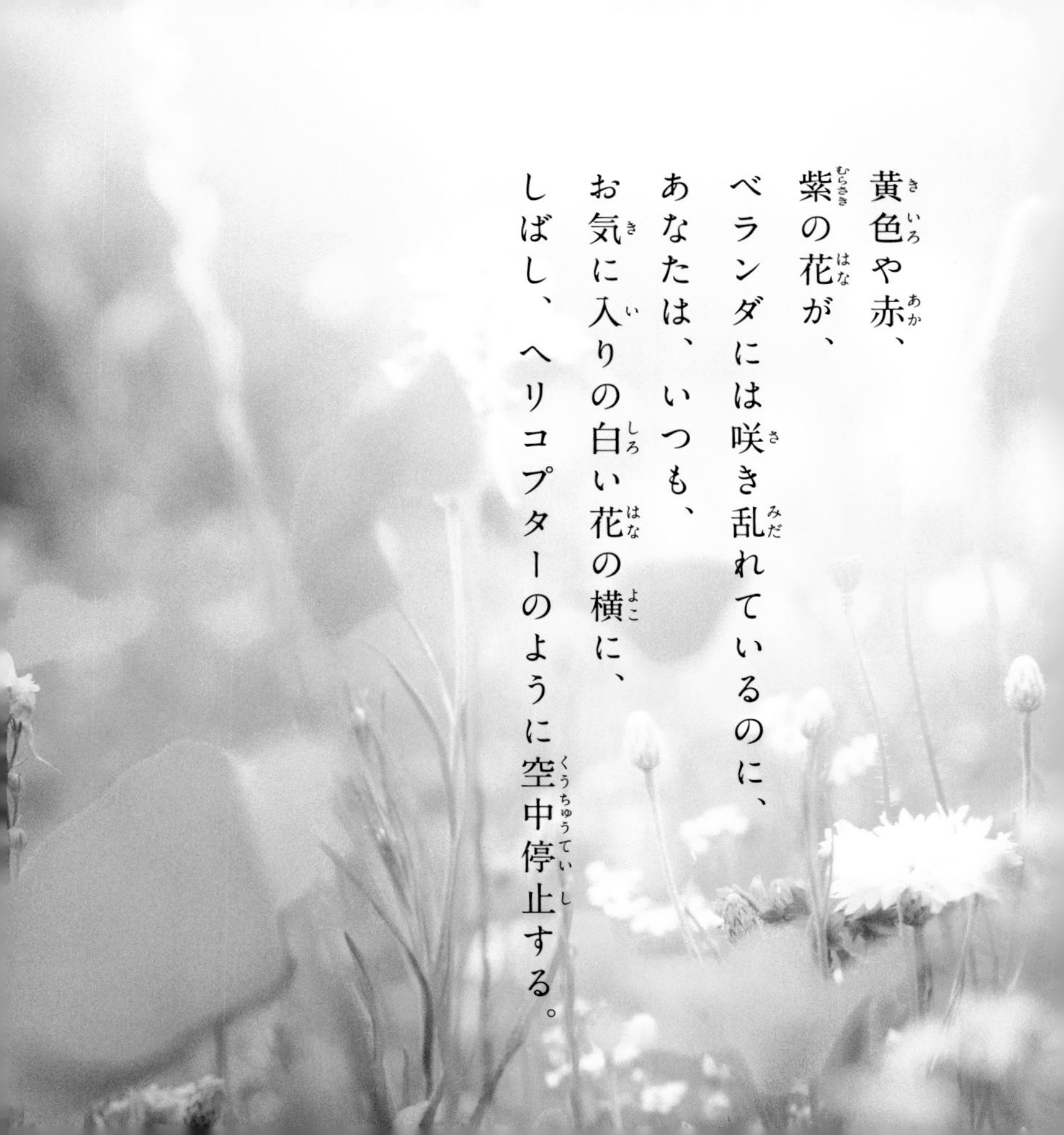

黄《き》色《いろ》や赤《あか》、
紫《むらさき》の花《はな》が、
ベランダには咲《さ》き乱《みだ》れているのに、
あなたは、いつも、
お気《き》に入《い》りの白《しろ》い花《はな》の横《よこ》に、
しばし、ヘリコプターのように空中停止《くうちゅうていし》する。

蜜《みつ》の味《あじ》をかみしめたのもつかの間《ま》、
また上空《じょうくう》を旋回《せんかい》し、
風《かぜ》に流《なが》されて、
黄色《きいろ》や赤《あか》の花《はな》をひやかしたあと、
やはり、白《しろ》い花《はな》のところへと戻《もど》ってくる。

南《みなみ》の島《しま》の言《い》い伝《つた》えでは、
死《し》んだ人《ひと》の魂《たましい》が蝶《ちょう》にのり移《うつ》って、
家《うち》に戻《もど》ってくるという。
ささやかな花《か》壇《だん》が供《く》養《よう》になったのか。

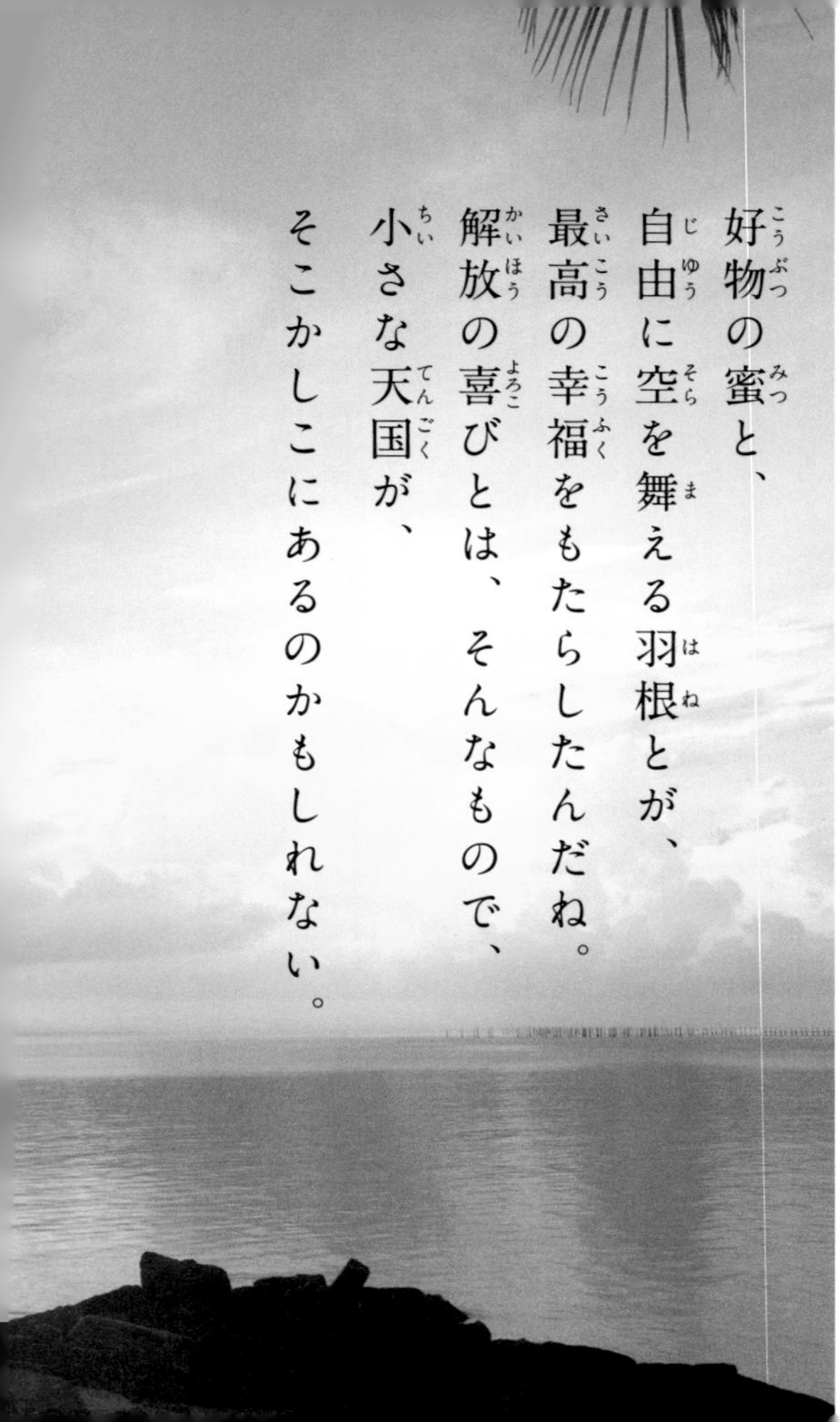

好《こう》物《ぶつ》の蜜《みつ》と、
自《じ》由《ゆう》に空《そら》を舞《ま》える羽《は》根《ね》とが、
最《さい》高《こう》の幸《こう》福《ふく》をもたらしたんだね。
解《かい》放《ほう》の喜《よろこ》びとは、そんなもので、
小《ちい》さな天《てん》国《ごく》が、
そこかしこにあるのかもしれない。

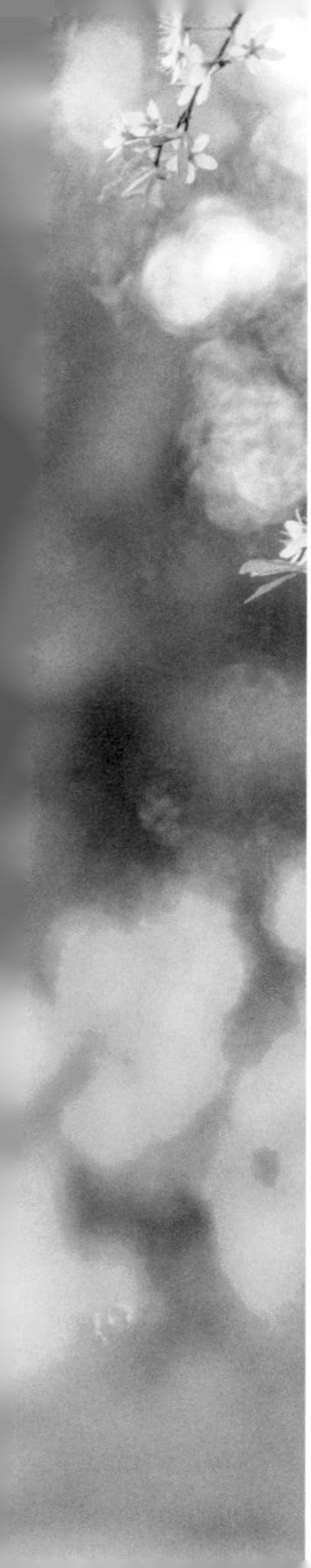

12 思《おも》い出《で》の中《なか》に生《い》きる

壮年期《そうねんき》、
晩年期《ばんねんき》になると、
髪《かみ》を梳《くしけず》るように、
親《した》しかった人《ひと》が身《み》の回《まわ》りから、
一人《ひとり》、二人《ふたり》、三人《さんにん》と消《き》えていく。
いつかしら、
彼《かれ》らが思《おも》い出《で》の中《なか》にしか、
生《い》きていないことに気《き》づく。

かといえば、
いくつになっても、
新《あたら》しい人《ひと》との出会《であ》いはある。
かつての友人《ゆうじん》や、
かつての協力者《きょうりょくしゃ》はもういないが、
新《あたら》しい友人《ゆうじん》や、
知人《ちじん》、
親《した》しい人《ひと》ができ、
あるいは、
若《わか》い人《ひと》たちの成長《せいちょう》ぶりに、
驚《おどろ》かされることもある。

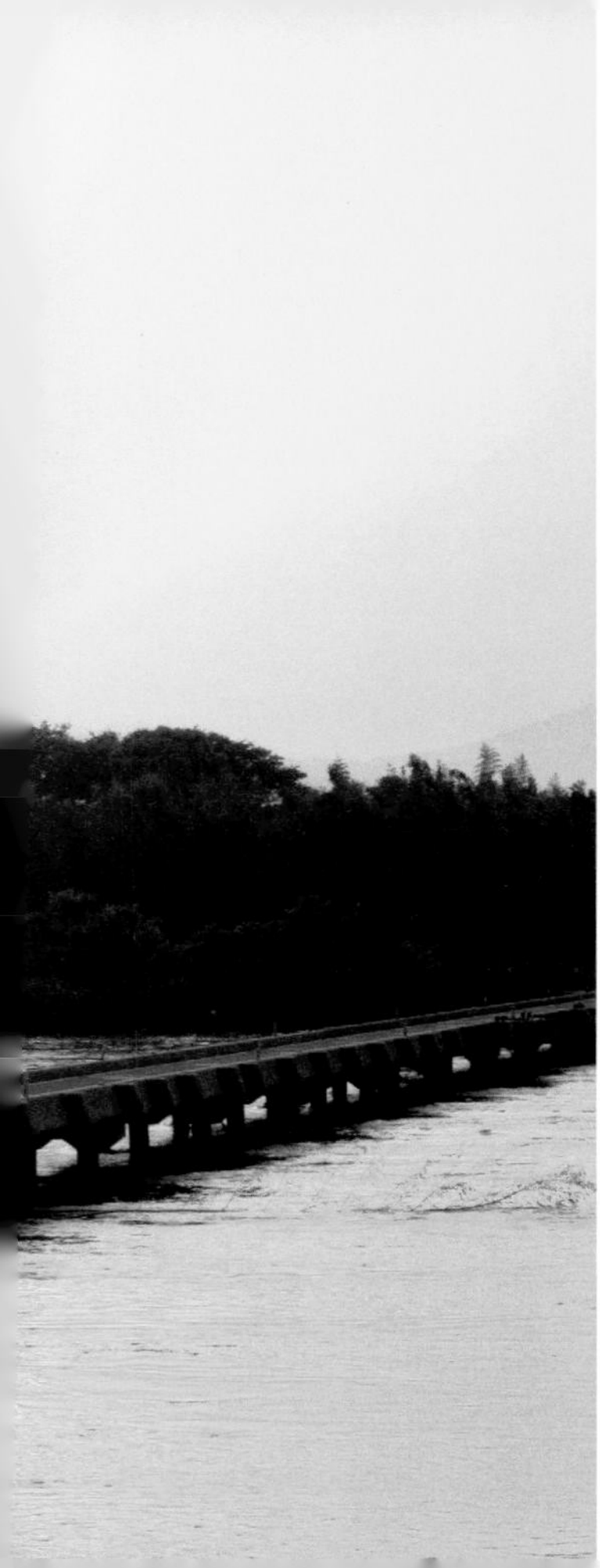

私《わたし》の親兄弟《おやきょうだい》にも、
帰天《きてん》して、
久《ひさ》しい人《ひと》もいる。
でも時々《ときどき》、
あの時《とき》、ああしてくれたな、
こう言《い》ってくれたな、
と思《おも》い出《だ》しては涙《なみだ》ぐむこともある。

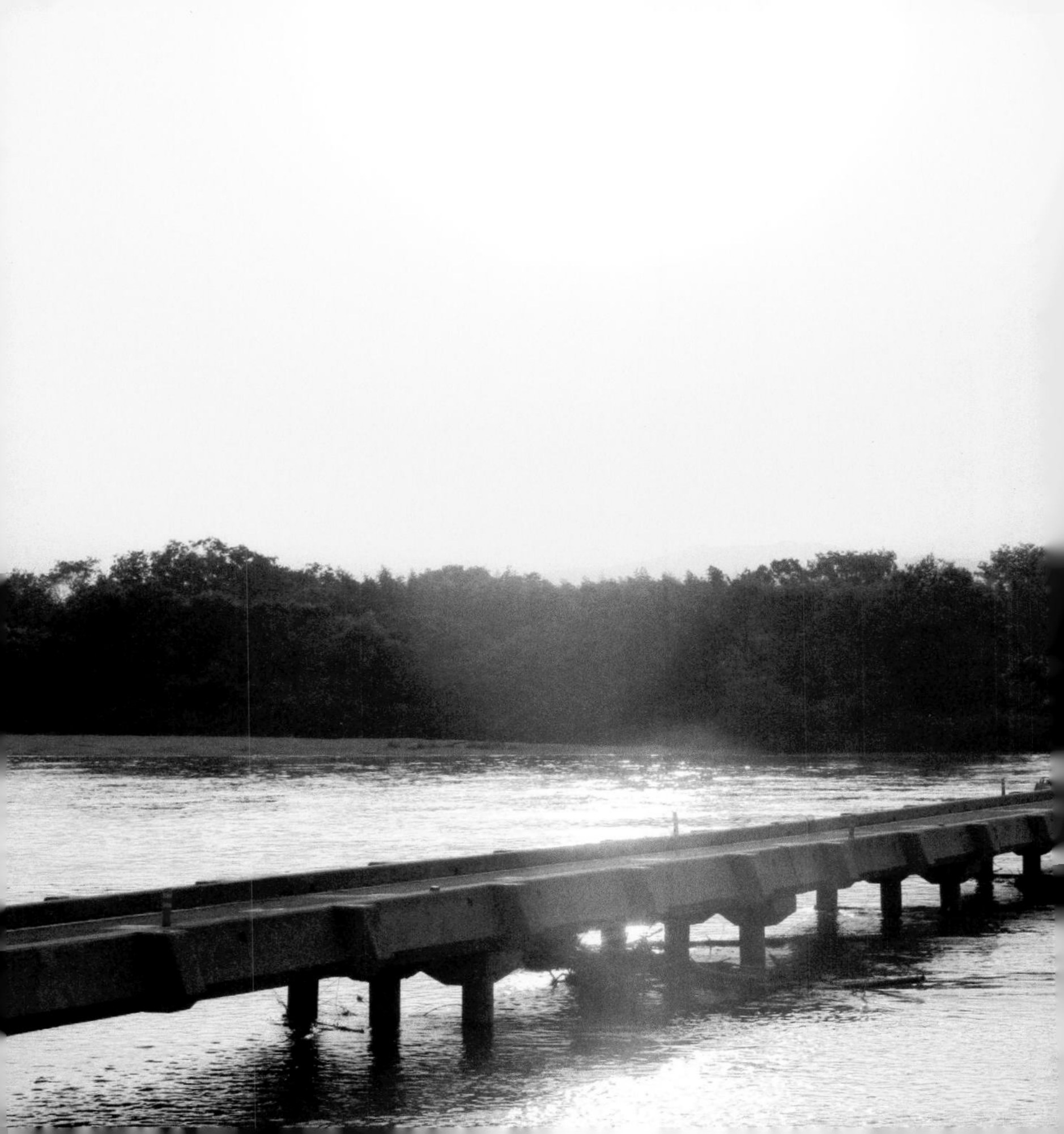

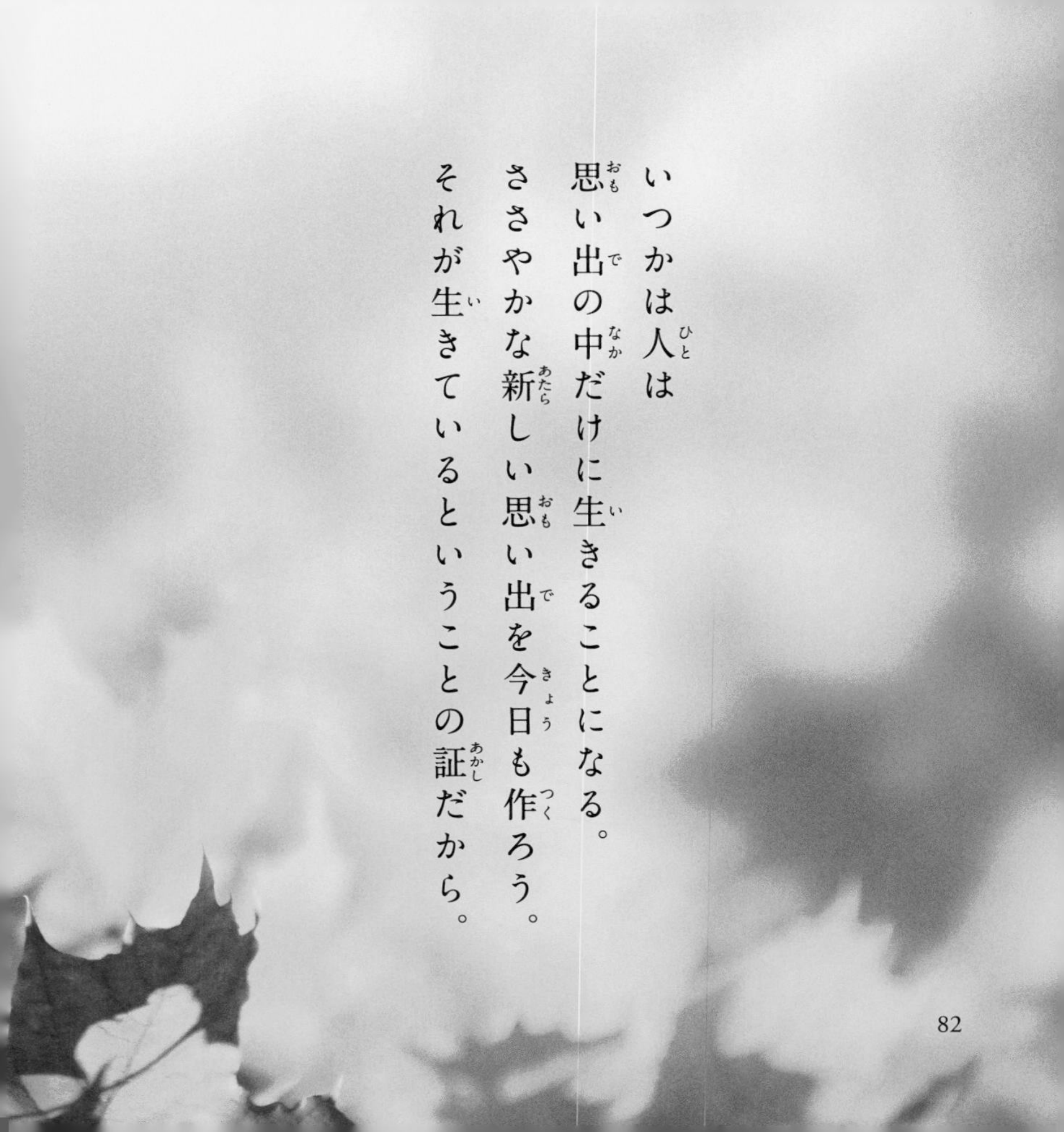

いつかは人《ひと》は
思《おも》い出《で》の中《なか》だけに生《い》きることになる。
ささやかな新《あたら》しい思《おも》い出《で》を今日《きょう》も作《つく》ろう。
それが生《い》きているということの証《あかし》だから。

「心の指針Selection《セレクション》」について

「心の指針」は、幸福の科学の大川隆法総裁が書き下ろした珠玉《しゅぎょく》の詩篇《しへん》であり、現代に生きる数多《あまた》の人々の心を癒《い》やし、救い続けています。大川総裁は、人類を創造した根本仏である主エル・カンターレが地上に下生《げしょう》した存在であり、深い慈悲《じひ》の念《おも》いで綴《つづ》った「心の指針」はまさに「人類の至宝《しほう》」です。その普遍《ふへん》的なメッセージは「人生の意味」や「悩《なや》み解決のヒント」など多岐《たき》にわたっていますが、さまざまな詩篇をテーマ別に取りまとめたシリーズが、この「心の指針Selection《セレクション》」です。2004年、大川総裁は心臓発作《ほっさ》を起こし、医師からは「死んでいる人と同じ状態」と診断《しんだん》されました。その際、療養《りょうよう》中に書き下ろした108篇の「辞世《じせい》のメッセージ」が、「心の指針」の始まりです。しかし、その後、大川総裁は奇跡《きせき》的な復活を遂《と》げ、全世界で精力的に救世活動を展開しています。

『心の指針 Selection 5　心から愛していると…』出典

1　心から愛していると… …… 心の指針2　／『心の指針 第一集 一条の光』(宗教法人幸福の科学刊)
2　焦ってはいけない………… 心の指針3　／同上
3　兄弟間の嫉妬 ………………… 心の指針67　／『心の指針 第六集 光と影』(同上)
4　親子の縁 ……………………… 心の指針154／『心の指針 第十三集 熱意って何だろう』(同上)
5　愛する者との別れ ………… 心の指針98　／『心の指針 第九集 勇気ある人』(同上)
6　愛とは何か ………………… 心の指針37　／『心の指針 第四集 今日を生き抜け』(同上)
7　小事と大局観 ……………… 心の指針63　／『心の指針 第六集 光と影』(同上)
8　愛と忍耐 …………………… 心の指針25　／『心の指針 第三集 仏は支える』(同上)
9　罪をゆるす力 ……………… 心の指針161／『心の指針 第十四集 自信を持つ』(同上)
10　過去の記憶を修正せよ …… 心の指針32　／『心の指針 第三集 仏は支える』(同上)
11　蝶の心 ……………………… 心の指針64　／『心の指針 第六集 光と影』(同上)
12　思い出の中に生きる……… 心の指針168／『心の指針 第十四集 自信を持つ』(同上)

著者 Profile　　大川隆法 Ryuho Okawa

幸福の科学グループ創始者 兼 総裁。

1956（昭和31）年7月7日、徳島県に生まれる。東京大学法学部卒業後、大手総合商社に入社し、ニューヨーク本社に勤務するかたわら、ニューヨーク市立大学大学院で国際金融論を学ぶ。81年、大悟し、人類救済の大いなる使命を持つ「エル・カンターレ」であることを自覚する。

86年、「幸福の科学」を設立。信者は世界174カ国以上に広がっており、全国・全世界に精舎・支部精舎等を700カ所以上、布教所を約1万カ所展開している。

説法回数は3500回を超え（うち英語説法150回以上）、また著作は42言語に翻訳され、発刊点数は全世界で3200書を超える（うち公開霊言シリーズは600書以上）。『太陽の法』『地獄の法』をはじめとする著作の多くはベストセラー、ミリオンセラーとなっている。また、28作の劇場用映画の製作総指揮・原作・企画のほか、450曲を超える作詞・作曲を手掛けている。

ハッピー・サイエンス・ユニバーシティと学校法人 幸福の科学学園（中学校・高等学校）の創立者、幸福実現党創立者兼総裁、HS政経塾創立者兼名誉塾長、幸福の科学出版（株）創立者、ニュースター・プロダクション（株）会長、ARI Production（株）会長でもある。

心《こころ》の指針《ししん》 Selection5　心《こころ》から愛《あい》していると…

2020年8月31日　初版第1刷
2024年11月15日　　　第2刷

著　者　大《おお》　川《かわ》　隆《りゅう》　法《ほう》

発行所　幸福の科学出版株式会社
〒107-0052　東京都港区赤坂2丁目10番8号
TEL 03-5573-7700
https://www.irhpress.co.jp/

印刷・製本　株式会社 堀内印刷所

落丁・乱丁本はおとりかえいたします

©Ryuho Okawa 2020. Printed in Japan. 検印省略

ISBN978-4-8233-0201-5 C0030

カバー iravgustin/Shutterstock.com, p.7 iravgustin/Shutterstock.com, p.8-9 Liderina/Shutterstock.com, p.10-11 KieferPix/Shutterstock.com, p.12-13 SedovaY/Shutterstock.com, p.14-15 MS Mikel/Shutterstock.com, p.16-17 Komsan Loonprom/Shutterstock.com, p.18-19 maroke/Shutterstock.com, p.20 MNStudio/Shutterstock.com, p.22-23 Simon Bratt/Shutterstock.com, p.24-25 Yuri Chen/Shutterstock.com, p.27 Mostovyi Sergii Igorevich/Shutterstock.com, p.28-29 Lenart Gabor/Shutterstock.com, p.30-31 Creative Travel Projects/Shutterstock.com, p.32-33 Kostenko Maxim/Shutterstock.com, p.34-35 Maciej Bledowski/Shutterstock.com, p.36-37 Lkaa/Shutterstock.com, p.38-39 tache/Shutterstock.com, p.41 Muksimova Irina/Shutterstock.com, p.42-43 chaythawin/Shutterstock.com, p.45 lovelyday12/Shutterstock.com, p.46-47 Ekaterina Pokrovsky/Shutterstock.com, p.48-49 Yuriy Kulik/Shutterstock.com, p.50-51 BigBlues/Shutterstock.com, p.52 Soloviova Liudmyla/Shutterstock.com, p.54-55 Arthon.Meekodong/Shutterstock.com, p.56-57 LedyX/Shutterstock.com, p.58-59 crazystocker/Shutterstock.com, p.60-61 KeongDaGreat/Shutterstock.com, p.62-63 iravgustin/Shutterstock.com, p.64-65 MaeManee/Shutterstock.com, p.66-67 lovelyday12/Shutterstock.com, p.68-69 MakanaCreative/Shutterstock.com, p.70-71 m.mphoto/Shutterstock.com, p.72-73 Dark Moon Pictures/Shutterstock.com, p.74-75 steph photographies/Shutterstock.com, p.76-77 icemanphotos/Shutterstock.com, p.78-79 Alex from the Rock/Shutterstock.com, p.80-81 Masahumi Otaki, p.82-83 Olga Gavrilova/Shutterstock.com, p.84-85 Subbotina Anna/Shutterstock.com

装丁・イラスト・写真（上記・パブリックドメインを除く）© 幸福の科学

大川隆法著作シリーズ　愛に満ちた人生を生きるには

1,650円

愛の原点

優しさの美学とは何か

この地上を、優しさに満ちた人間で埋めつくしたい──。人間にとって大切な愛の教えを、限りなく純粋に語った書。

1,650円

人を愛し、人を生かし、人を許せ。

豊かな人生のために

愛の実践や自助努力の姿勢など、豊かな人生への秘訣を語る、珠玉の人生論。心を輝かす数々の言葉が、すがすがしい日々をもたらす。

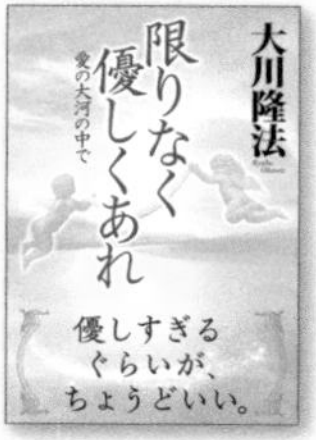

1,650円

限りなく優しくあれ

愛の大河の中で

愛こそが、幸福の卵である。霊的視点から見た、男女の結婚、家庭のあり方や、愛の具体化の方法が、日常生活に即して語られる。

※表示価格は税込10%です。

大川隆法著作シリーズ　**幸福な家庭をつくるために**

シリーズ第2弾

1,760円

エル・カンターレ 人生の疑問・悩みに答える
幸せな家庭をつくるために

夫婦関係、妊娠・出産、子育て、家族の調和や相続・供養に関するＱＡ集。人生の節目で出会う家族問題解決のための「スピリチュアルな智慧」が満載！

1,320円

ティータイム
あたたかい家庭、幸せのアイデア25

ちょっとした工夫で毎日がもっとうれしい。夫婦、親子、嫁姑、家計、家庭と仕事、健康などをテーマに、幸福になるための秘訣が説かれた書。

1,650円

幸福へのヒント
光り輝く家庭をつくるには

家庭を明るくするには？ 中年男性の自殺を防ぐには？ 家庭の幸福にかかわる具体的なテーマについて、人生の指針を明快に示した質疑応答集。

幸福の科学出版

大川隆法著作シリーズ　円滑な人間関係をつくる

幸福の原点

人類幸福化への旅立ち

幸福の科学の基本的な思想が盛り込まれた、仏法真理の格好の手引書。正しき心の探究、与える愛など、幸福になる方法がここに。

1,650円

1,320円

コーヒー・ブレイク

幸せを呼び込む27の知恵

心を軽くする考え方、幸せな恋愛・結婚、家庭の幸福、人間関係の改善などについて、ハッとするヒントを集めた、ワン・ポイント説法集。

書き下ろし
箴言集

1,540円

人格をつくる言葉

人生の真実を短い言葉に凝縮し、あなたを宗教的悟りへと導く、書き下ろし箴言集。愛の器を広げ、真に魅力ある人となるための100の言葉。

※表示価格は税込10％です。

大川隆法「心の指針 Selection」シリーズ

現代に生きる人々に「人生の意味」や「悩み解決のヒント」を伝える詩篇。
心を癒やし、人生を導く光の言葉をテーマ別に取りまとめたシリーズ。

【自己啓発】

1 未来を開く鍵

【病気・健康】

2 病よ治れ

【人生論】

3 人生は一冊の問題集

各 1,320 円

【信仰】

4 信仰心と希望

【心の教え】

6 自己信頼

【人間関係】

7 憎しみを捨て、愛をとれ

【仏教的精神】

8 道を求めて生きる

幸福の科学の本のお求めは、
お電話やインターネットでの通信販売もご利用いただけます。

フリーダイヤル **0120-73-7707**
（月〜土 9:00〜18:00）

幸福の科学出版 公式サイト
https://www.irhpress.co.jp

幸福の科学出版 検索

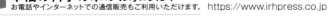

幸福の科学グループのご案内

幸福の科学は世界174カ国以上に広がり(2024年11月現在)、
宗教、教育、政治、出版、映画製作、芸能などの活動を通じて、
地球ユートピアの実現を目指しています。

信仰の対象は、主《しゅ》エル・カンターレです。主エル・カンターレは地球の至高神《しこうしん》であり、イエス・キリストが「わが父」と呼び、ムハンマドが「アッラー」と呼び、日本神道系では創造神にあたる「天御祖神《あめのみおやがみ》」という名で伝えられている存在です。人類を導くために、釈迦《しゃか》やヘルメスなどの魂《たましい》の分身を何度も地上に送り、文明を興隆《こうりゅう》させてきました。現在はその本体意識が、大川隆法総裁として下生《げしょう》されています。

ハッピー・サイエンス・ユニバーシティ
happy-science.university

学校法人　幸福の科学学園
中学校・高等学校（那須本校）
happy-science.ac.jp
関西中学校・高等学校（関西校）
kansai.happy-science.ac.jp

愛
自分から愛を与え、
自分も周りも
幸福にしていく
知
真理を学び、
人生の問題を解く
智慧《ちえ》を得る
反省
心の曇《くも》りを除き、
晴れやかな心で
生きる
発展
幸福な人を増やし、
世界をユートピア
に近づける

基本教義 *The Basic Teachings*

基本教義は「正しき心の探究《たんきゅう》」と「四正道《よんしょうどう》」（幸福の原理）です。すべての人を幸福に導く教え「仏法真理《ぶっぽうしんり》」を学んで心を正していくことを正しき心の探究といい、その具体的な方法として、「愛・知・反省・発展」の四正道があります。

幸福の科学グループの最新情報、
参拝施設へのアクセス等はこちら！

幸福の科学 公式サイト
happy-science.jp

幸福実現党
hr-party.jp

入会のご案内

幸福の科学では、大川隆法総裁が説く仏法真理《ぶっぽうしんり》をもとに、「どうすれば幸福になれるのか、また、他の人を幸福にできるのか」を学び、実践しています。

入会

仏法真理を学んでみたい方へ

主エル・カンターレを信じ、その教えを学ぼうとする方なら、どなたでも入会できます。入会された方には、『入会版「正心法語《しょうしんほうご》」』が授与されます。

入会ご希望の方はネットからも入会申し込みができます。

happy-science.jp/joinus

三帰《さんき》誓願《せいがん》

信仰をさらに深めたい方へ

仏弟子としてさらに信仰を深めたい方は、仏《ぶっ》・法《ぽう》・僧《そう》の三宝《さんぼう》への帰依を誓う「三帰誓願式」を受けることができます。三帰誓願者には、『仏説・正心法語』『祈願文《きがんもん》①』『祈願文②』『エル・カンターレへの祈り』が授与されます。

幸福の科学 サービスセンター
TEL 03-5793-1727

受付時間/
火～金：10～20時
土・日祝：10～18時（月曜を除く）